Gisela Koch

Geschichtenkonfetti

Eine Sammlung bunter Erzählungen

Gisela Koch

Geschichtenkonfetti

Eine Sammlung bunter Erzählungen

Rediroma-Verlag

Bibliografische Information der Deutschen Nationalbibliothek:
Die Deutsche Nationalbibliothek verzeichnet diese Publikation in der Deutschen Nationalbibliografie; detaillierte bibliografische Daten sind im Internet über http://portal.dnb.de abrufbar.

ISBN 978-3-98885-434-6

www.rediroma-verlag.de
8,95 Euro (D)

Vorwort

„Geschichtenkonfetti" habe ich mein Buch genannt, weil die Erzählungen querbeet sind. Es ist für jedermann etwas dabei, ob für Jung oder Alt, eine breite Mischung an Erzählungen.

Viel Spaß beim Lesen, ich hoffe, es gefällt den Leserinnen und Lesern!

Ihre Gisela Koch

Inhalt

Niclas und der Wuwu

Niclas lag zufrieden und brav in seinem kleinen Bettchen, welches neben den Elternbetten stand. Vor sechzehn Stunden hatte er erst das Licht der Welt sehen können, denn er wurde genau dann geboren.

Der Wunsch seiner Eltern auf ein Baby war schon seit fünf Jahren sehr groß. Jetzt waren sie eine richtige Familie und sehr stolz auf ihren kleinen Niclas.

Zufrieden und wenig schreiend lag er in seinem Bettchen und nahm sein Umfeld noch gar nicht wahr.

Sein Tagesablauf war noch langweilig, weil in den ersten acht Wochen noch nichts Bemerkenswertes passierte.

Niclas schlief sich groß, während sein erstes Spielzeug, ein kleiner braunweißer Plüschhund, auf seinem Bettchen saß und ihn anschaute. Sein Vater hatte ihn auf dem Jahrmarkt geschossen und ihn dann stolz als erstes Geschenk für das Baby präsentiert.

Inzwischen waren schon fast neun Wochen vergangen, als Niclas seinen kleinen Plüschhund wahrnahm. Er versuchte, nach ihm zu greifen, was ihm nach mehreren Versuchen auch gelang. Mit großen Augen schaute er sein erstes Spielzeug an.

Von nun an hielt Niclas diesen kleinen Hund immer in seiner Hand. Er kuschelte sich an ihn, biss und lutschte am Hundebein und fühlte sich dabei glücklich und zufrieden.

Als Wochen später das eine Hundebein schon zerbissen war, wollte Niclas‘ Mama das Spielzeug entsorgen, was aber nicht möglich war.

Niclas war inzwischen fünf Monate. Er rief immer „wuwu, wuwu“ und noch mal „wuwu“. Er schrie ganz lange nach den „wuwu“, wie er diesen Hund inzwischen nannte.

Die Eltern schnitten das eine Bein ab und vernähten die Stelle.

Nun gaben sie Niclas den Wuwu, allerdings nur mit drei Beinen, zurück. Niclas aber störte das überhaupt nicht. Man hatte das Gefühl, er würde das fehlende Bein gar nicht bemerken.

Ganz lieb drückte er seinen kleinen Hund an sich und sagte zufrieden und strahlend: „Wuwu“.

Niclas war wieder zufrieden und glücklich.

Er wuchs heran, hatte aber ständig diesen dreibeinigen Wuwu, denn den Namen behielt der Plüschhund, bei sich.

Als Niclas in die Schule kam, nahm er ständig den schon ziemlich kaputten Wuwu mit in die Schule. Wenn ihn jemand danach fragte, gab er zur Antwort, es ist sein Maskottchen.

Zur Abiturprüfung legte er Wuwu neben sich, er brachte ihm Glück. Das Ergebnis der Abiturprüfung war 1,4 und konnte sich sehen lassen. Er küsste Wuwu vor Freude.

Niclas hegte schon vom Kleinkindalter den Wunsch, einen lebendigen, richtigen Hund zu besitzen.

Seine Eltern lehnten das aber immer ab, weil niemand Zeit hatte, sich um einen Hund zu kümmern. Nun war die Zeit aber gekommen, Niclas hatte sein Abi in der Tasche.

Die Schule war also vorbei und er konnte ins Leben starten.

„Ich werde meinen Wunsch jetzt wahr machen und mir meinen schon ewigen Traum erfüllen."

Niclas strahlte, als er das sagte, zog sich seine Jacke und die Schuhe an und ging aus dem Haus.

Wo wollte er so glücklich hin?

Er fuhr noch vier Stationen mit dem Bus. Als er ausgestiegen war, schaute er sich ein wenig die Gegend an, fragte einen vorübergehenden Mann etwas und ging dann in die Richtung, die der Fremde Mann anzeigte.

Aha, jetzt ist alles klar! Niclas ging ins Tierheim.

Ganz groß stand an der Eingangstür – Tierheim. Zwei freundliche Frauen kamen auf ihn zu und fragten ihn, weshalb er hier sei und was er möchte.

Er wolle sich hier mal umschauen, ob ein Wunschhund für ihn dabei sei, war seine Antwort.

Sie gewährten Niclas selbstverständlich diesen Wunsch, denn sie konnten seine Neugier in seinem Blick ablesen.

Niclas stand nun vor vielen Hundezwingern. Alle Hunde schauten und bellten sie ihn an. Es waren große, mittlere und ganz kleine Hunde. Sie gefielen ihm fast alle, aber der Funke oder die große Liebe zu einen von ihnen war nicht dabei.

Niclas bemerkte, dass im Zwinger nebenan ein braunweißer Hund lag, der ihn immerzu mit seinen hübschen Augen verfolgte.

Auf die Frage, was mit dem braunweißen Hund sei, bekam er die Antwort: „Das ist Leo, er ist seit zwei Jahren hier und gehört zu den Unvermittelbaren."

„Zu den Unvermittelbaren?", fragte Niclas erschrocken.

„Ihm wurde, als er geboren wurde das rechte Vorderbein so kompliziert gebrochen, dass es amputiert werden musste."

„Das ist ja schrecklich!", antwortete Niclas traurig. „Und nun quält sich der kleine Kerl durchs Leben?"

„Nein", meinte die Tierpflegerin. „Man merkt es kaum. Er macht alles genau wie die anderen Hunde, läuft, springt und tobt. Es ist eben sein Äußeres. Die meisten möchten keinen Hund mit Handicap. Darum ist er und bleibt er wahrscheinlich immer bei uns."

„Darf ich ihn mal streicheln?", fragte Niclas.

„Ja natürlich, wir holen ihn aus den Zwinger, dann können Sie ihn sich richtig anschauen."

Niclas pochte das Herz. Leo entfachte in ihm etwas ganz Großes an Gefühlen, was er vorher nicht kannte.

Nun stand Leo vor ihm und es war Liebe auf den ersten Blick. Niclas erkannte, dass dieser Leo sein Wuwu in lebendiger Gestalt war.

Er streichelte ihn, ging mit ihm eine Gassirunde und konnte sich schlecht wieder von ihm trennen.

„Das ist der Hund, mit dem ich durchs Leben gehen möchte. Genau so einen Hund hatte ich als Kind, auch mit drei Beinen. Der hat mir immer viel Freude bereitet und Glück gebracht."

Die Tierpflegerin, merkte, dass es nicht nur so dahin gesagte Worte waren.

Niclas ging noch eine Woche täglich mit Leo spazieren und freundete sich mit ihm an.

Jetzt war der dreibeinige Hund, welcher vorher Leo hieß, bei Niclas zu Hause. Er hieß jetzt Wuwu und ging mit ihm durch Dick und Dünn. Jahrelang hielt dieses Glück an.

Dann lernte Niclas Svantje kennen, verliebte sich bis über beide Ohren in sie und war sehr glücklich. Das Leben schien für ihn perfekt zu sein.

Svantje kam auch gut mit Wuwu klar, obwohl sie sich über den Namen schon etwas lustig machte.

Zwei Jahre lebten sie zu dritt in Niclas' schöner Wohnung, die sich im Grünen, am Stadtrand befand. Das Glück war zu perfekt, aber nicht von Dauer.

Während Svantje und Niclas sich im Büro ihrer Arbeit widmeten, war Wuwu allein zu Hause. Er hatte sich daran gewöhnt. Abwechselnd vor der Arbeit gingen beide noch ausdauernd mit ihm Gassi, damit er den Tag über durchhält.

Am Montag war Niclas mit Gassirunde dran, heute war Mittwoch, somit war Svantje dran.

Svantje hatte heute bloß einen kurzen Tag im Büro, trotzdem ging bei ihr heute alles drunter und drüber. Sie würde ihre Bahn nicht schaffen, wenn sie noch eine Hunderunde gehen würde.

Ach was, dachte Svantje, ich werde Wuwu einfach im Vorgarten laufen lassen, und mache die Gartentür zu. Da wird schon niemand kommen, in vier Stunden bin ich ja zurück.

Gesagt, getan. Svantje schaffte ihre Bahn und Wuwu tobte im Vorgarten.

Aber der Tag lief nicht so, wie Svantje sich ihn vorgestellt hatte. Als sie nach Hause kam, stand die Gartentür etwas offen und Wuwu war verschwunden. Sie konnte nicht mehr richtig denken vor Schreck, denn sie wusste, wie sehr Niclas an Wuwu hing.

Svantje suchte die ganze Gegend ab und ging auch die Wege ab, die sie beide immer mit Wuwu gegangen waren. Sie rief immerzu nach ihm, aber Wuwu war weg.

Inzwischen war es schon kurz nach 16:00 Uhr, Niclas würde gleich von der Arbeit kommen und erwarten, dass Wuwu ihm entgegenkommt und ihn begrüßt, so wie jeden Tag.

Svantje fragte noch vorübergehende Leute, ob sie den Hund gesehen hätten, aber alle verneinten.

Als sie wieder zu Hause war, brach sie in Tränen aus. Sie allein hatte Schuld, dass Wuwu jetzt weg war. Gegen 16:30 Uhr kam Niclas nach Hause und rief schon von Weitem seinen Wuwu, der ihm heute nicht entgegenkam.

Er stützte sofort ins Zimmer. „Wo ist Wuwu, was ist passiert? Wo ist er, wo ist er?“, rief er immer wieder, wie unter Schock.

Svantje erzählte von ihrer knappen Zeit heute Morgen und dass sie Wuwu deshalb in den Vorgarten gesperrt hatte. „Ich habe gedacht, da ja am Tag niemand den Vorgarten betritt, würde es gut gehen mit Wuwu. Ich war ja um halb eins wieder zu Hause,“ jammerte Svante.

„Wir müssen ihn suchen, er kann ja auf seinen drei Beinen nicht so weit gekommen sein.“

Es wurde schon dunkel, dennoch machten sich beide auf den Weg und suchten nach Wuwu.

Vergebens, Wuwu war wie vom Erdboden verschluckt.

Es vergingen Tage und Wochen, zwischen Svantje und Niclas war Funkstille. Er konnte es Svantje nicht verzeihen, dass sie Wuwu im Vorgarten gelassen hatte.

Nach zwei Monaten zerbrach die Beziehung zwischen ihnen und Svantje zog aus.

Nun war Niclas wieder alleine. Er stürzte sich nur noch in seine Arbeit. Nachts schlief er kaum noch und lief oft zur Tür, weil er dachte, Wuwu wäre wieder da. Doch immer vergebens.

Aber manchmal wendet sich das Blatt zum Guten. Niclas hatte wieder kaum geschlafen und schlecht gefrühstückt. Er hatte ein großes Projekt im Kopf, welches er seinen Kollegen heute vorstellen wollte. In der Bahn, auf dem Weg ins Büro, dachte er noch darüber nach, als er ein Gespräch zweier Frauen mithörte.

Sie unterhielten sich über einen Hund, welcher nur drei Beine hatte und den man total heruntergekommen und verletzt zu einer der beiden Frauen in die Tierklinik gebracht hatte.

Das ist Wuwu, dachte Niclas gleich und sprach sie darauf an.

Niclas hätte schon seit zwei Stationen aussteigen müssen, war aber so ins Gespräch mit der Tierärztin vertieft, welche Wuwu aufgenommen und behandelt hatte, dass er es vergaß. Er war überglücklich, denn er wusste jetzt, dass es Wuwu war.

Die Tierärztin gab Niclas die Adresse des Tierheims, welches Wuwu aus der Tierklinik abgeholt hatte. Sie lobte ihn noch, dass er sich trotz des Handicaps für diesen Hund entschieden hatte.

In Niclas‘ Kopf war jetzt ein totales Wirrwarr.

An arbeiten war heute nicht zu denken. Er rief im Büro an und nahm sich frei, er hatte sowieso noch sehr viele Überstunden, die er jetzt bereit war, abzubummeln.

Im Büro wussten alle, wie sehr Niclas unter dem Verschwinden seines Hundes litt. Alle waren froh über diese Nachricht und freuten sich mit ihm.

Niclas kullerten die Tränen, als er Wuwu, der ihn gleich erkannte, in die Arme nahm.

„Jetzt hab ich dich wieder, mein Kleiner, so etwas wird nie wieder passieren, das verspreche ich dir!“

Nun stand Niclas früher auf als sonst und ging jeden Morgen mit Wuwu. Mittags bat er eine Nachbarin, die schon in Rente war, gegen einen Obolus, mit Wuwu eine Gassirunde zu gehen. Die Frau freute sich, denn sie mochte Wuwu auch sehr.

Es kam aber auch wieder eine neue Liebe in Niclas Leben. Beim Gassi gehen lernte er Lisa kennen.

Lisa ging auch jeden Tag mit ihrem kleinen Chihuahua, sie hieß Marta und war eine drollige Hundedame. Wuwu und Marta verstanden sich gleich. Beide tobten und spielten zufrieden miteinander.

Als ein Jahr später Lisa bei Niclas einzog, waren die beiden Hunde, schon längst vereint.

Jeder von ihnen hatte nun seinen Gegenpart gefunden und war glücklich.

Die richtigen Menschen und Hunde hatten zueinander gefunden.

Und lebten von nun an glücklich und unbeschwert.

Niclas‘ Projekt kam bei den Kollegen sehr gut an, der Elan für seine Arbeit hatte nun wieder einen ganz anderen Rang.

Drei Tiere auf dem Bauernhof

Es war ein idyllisches Dorf, in dem Ella und Franz lebten. Vor fünfzig Jahren waren sie hier die Bauern, auf die man hinauf geschaut hatte.

Sie hatten einen gut belebten Hof, mit viel Vieh, welche ihnen einen guten Ertrag brachten. Rundum, ihnen ging es prächtig.

Nun waren viele Jahre vergangen, die Kinder lebten weit entfernt, in einer großen Stadt, und sie beide waren nun schon kurz vor der Achtzig und konnten den Hof nicht mehr bewirtschaften. Das Vieh war mittlerweile auch schon geschlachtet und verkauft, bis auf eine Kuh, einen Hahn und den Hund.

Sie wollten den Hof schon des Öfteren verkaufen, aber es fanden sich keine Interessenten dafür. Nun lebten sie mit den drei Tieren tagein, tagaus, und hoffen weiterhin, dass ihre Kinder für sie bald den Hof verkaufen würden.

Nun hatten die beiden zwar nur die drei Tiere, dennoch hatten sie Mühe mit ihnen, denn die Tiere verstanden sich so ganz und gar nicht.

Wenn sie zusammen im Hof waren, biss der Hund den Hahn und die Kuh ging ständig auf den Hund los, es war eine Beißerei, die nicht auszuhalten war. Der Bauer konnte das nicht mehr mit ansehen, er sperrte die drei Tiere einzeln weg und ließ sie nur noch einzeln im Hof laufen, damit es kein Desaster mehr gab.

So lebte jedes Tier für sich alleine. Nur das Bauernehepaar hatte Kontakt zu ihnen und versorgte sie mit Nahrung und Streicheleinheiten. Als Ella und Franz eine Einladung bekamen, um sich in der Stadt eine Wohnung im betreuten Wohnen anzusehen, freuten sie sich sehr, denn auch einkaufen konnte man in dem schönen kleinen Dörfchen nicht. Sie hatten hier weder einen Arzt noch einen Supermarkt. Der Bus fuhr nur einmal am Tag.

Es wäre schön, eine Wohnung in der Stadt zu bewohnen, auch viel leichter für uns, dachten die beiden und waren sich einig, wenn ihnen die Wohnung dort zusagt, diese zu nehmen.

„Wir werden für drei Tage in der Stadt bleiben. Die Zeit brauchen wir, um alles abzuwickeln bei unserer Erledigung mit der Wohnung“, meinte Franz. „Den Tieren werden wir Futter und Wasser für drei Tage bei ihnen reinstellen, alles andere erledigen wir dann, wenn wir zurück sind.“

„So machen wir es,“ freute sich Ella, die sonst aus ihrem Dörfchen auch kaum raus kam.

Am nächsten Tag ging es zeitig los, denn den einzigen Bus, der in die Stadt fuhr, mussten sie bekommen.

Die Tiere waren nun für drei Tage alleine auf dem Hof, jedes für sich weggesperrt, weil es anders nicht ging. Es war eine Stille, wie sie sie vorher nicht kannten.

Das war ihnen unheimlich. Sie langweilten sich und die lieben Worte des Bauern sowie die Streicheleinheiten fehlten ihnen.

Der Hahn buddelte sich ein Loch, aus dem er den Stall verließ, und flatterte im Hof herum.

Der Hund erblickte den Hahn, nun wollte auch er in den Hof. Er knabberte so lange an den Gitterstäben seines Zwingers herum, bis dieser zerbrach und er den Hof erreichen konnte.

Das bekam nun auch die Kuh mit. Sie schmiss sich so lange an die Stalltür, bis diese aufsprang, denn alleine im Stall wollte sie auch nicht bleiben.

Nun standen sie alle drei auf dem Hof und starrten sich an.

„Muh“, machte die Kuh, „wir wollen aber nicht mehr miteinander kämpfen. Lasst uns etwas anderes tun.“

So sahen es der Hahn und der Hund auch.

„Was können wir drei denn jetzt gemeinsam tun?“, fragte der Hund. „Ich weiß“, ergänzte er gleich, „wir feiern und tanzen!“

„Ja!“, rief der Hahn. „Und wir könnten singen, ich habe eine hohe Stimme.“

„Ja, singen kann ich auch“, stimmte die Kuh zu.

Die drei waren sich einig, sie wollten einen Chor bilden. Nun begannen die drei im Hof zu tanzen und zu singen.

Der Hahn krähte unaufhörlich, was die Stimme hergab. Die Kuh tat das ihrige und muhte so laut sie konnte. Der Hund gab dazu ein Geräusch zwischen Jaulen und Bellen von sich.

Sie vergnügten sich und waren froh.

Der Chorgesang, der so laut war, dass man es bis ins nächste Dorf hören konnte, denn sie feierten schon drei Tage, sollte ein Ende haben. Es fanden sich vor dem Hof schon unzählige Dorfbewohner ein und verfolgten das rege Treiben auf dem Hof.

Endlich kam auch das Bauernpaar von ihrer Stadtreise zurück. Bei ihrer Ankunft wunderten sie sich über die vielen Dorfbewohner, die vor ihrem Hof standen und über den Lärm, welcher ihnen entgegen dröhnte.

Sie staunten über die vorhandene Situation und wunderten sich, dass der Streit unter den Tieren vorbei war. Kein Beißen oder Treten mehr, sie feindeten sich nicht mehr an.

Nun brauchten sie die drei nicht mehr einzeln wegsperren. Als Freunde waren sie täglich im Hof zusammen und hatten ein schönes Leben.

Weil sich die Lage unter den Tieren so verbessert hatte und diese jetzt wieder friedlich zusammen im Hof leben konnten, blieben Ella und Franz auch noch so lange auf dem Hof, wie die Tiere lebten.

Einige Jahre später, sie waren schon weit über Achtzig, zogen sie gemeinsam mit ihrem Hund, welcher auch schon sehr alt war, in die Stadt. Nun lebten oder leben sie in einem Pflegeheim und sind zufrieden und glücklich.

Der kleine Floh

Ein kleiner Floh will beißen,
drum wird man ihn
in ein Kästchen schmeißen.
Dort springt er aber wieder raus
und setzt sich auf eine dicke Maus.
Die Maus wird wütend,
zappelt hin und zappelt her.
Dem Floh gefällt das gar nicht, er beißt sie sehr.
Das will der Maus gar nicht behagen,
drum wird sie einen Kater fragen;
„Ach liebster Kater großer Held,
kannst du mir helfen für viel Geld?
Kannst du verjagen diesen Floh,
dass er dann zwickt, gar anderswo?“
„Für viel Geld mache ich das gerne,
ich weiß auch, wie ich ihn entferne.
Ich fang ihn mit einem Lockmittel ein
und schieb ihn in mein Schnäuzchen hinein.
Dann fress ich ihn ganz sanft und leise,
ich freue mich schon auf diese Speise!
Du bist den Floh dann endlich los
und ich bin reich, das ist famos!“
Doch ist der Kater voller List,
er weiß, was nun zu machen ist.
Er lädt die Maus zum Feiern ein,
macht sie betrunken mit viel Wein,
die lässt sich freuend darauf noch ein.

Nun nutzt er dieses schelmisch aus,
und, schwuppdiwupp, frisst er die Maus.
Damit ist die Geschichte aus.
Und die Moral von der Geschicht,
traue deinem Nächsten nicht.

Die Liebe zur Eisenbahn

Es war wieder ein sehr schöner Morgen in diesem kleinen Städtchen mit nur knappen sechstausend Einwohnern.

Wie jeden Morgen schlenderte Torben an der Hand seiner Mutter durch die Geschäftsstraße. Sie gingen jeden Morgen den gleichen Weg, denn es war der dichteste Weg, der zu Torbens Kita führte. Sie nahmen sich hierfür auch immer ganz viel Zeit, gingen extra früher von zu Hause los, denn Torben sah sich immer noch lange die fahrende Eisenbahn in einem Schaufenster an. Er war zwar erst vier Jahre alt, dennoch brannte seine Liebe für genau diese. Eine halbe Stunde blieben die beiden hier stehen und Torbens Augen blitzten. Er spielte von draußen immer den Lokführer oder auch den Schaffner, gab Geräusche der Eisenbahn wieder oder Worte als Schaffner. Der Junge ging so in seinem Spiel vor dem Schaufenster auf, dass die Mutter Torben das sehr gerne gönnte.

Einmal, als der Laden renoviert wurde, war das Schaufenster mit einem Tuch behangen, sodass man nicht hineinschauen konnte. Es war schlimm, Torben konnte es nicht begreifen, fing an zu weinen und wollte eine Woche lang nicht in die Kita. Die Mutter erklärte ihm, dass die Eisenbahn in einer Werkstatt war, wo sie neu gemacht und repariert wurde. Diese Worte erklärte sie ihm immer und immer wieder, bis dann endlich die Woche rum war.

Das Schaufensterbild hatte sich etwas geändert, es war hübscher gestaltet worden und eine neue Eisenbahn mit anderen Waggons waren auch hinzugekommen. Somit hatte Torbens Mama ja nicht gelogen.

Nun stand er wieder jeden Morgen eine halbe Stunde vor diesem Schaufenster und spielte Lokführer oder Schaffner.

Auch als Torben größer wurde, dieses Schaufenster hatte es ihm angetan. Er spielte jetzt zwar nicht mehr vor dem Schaufenster Lokführer oder Schaffner, stand aber immer noch eine halbe Stunde, bevor er in die Schule ging, vor diesem Schaufenster und sah mit Begeisterung der fahrenden Eisenbahn zu. Seine Augen blitzten dabei und man konnte Freude in seinem Gesicht erkennen.

Als Torben dann in den höheren Schulklassen war und eine andere Schule besuchen musste, lag das Geschäft mit der Eisenbahn nicht mehr auf seinen Schulweg.

Torben aber wollte sich wie die ganzen Jahre zuvor die halbe Stunde mit der Eisenbahn nicht nehmen lassen und fuhr nun mit seinem Fahrrad täglich einen Umweg. Die Mitschüler seiner Klasse zogen ihn damit ständig auf, aber Torben störte das nicht.

Als die Schüler einmal ihren Berufswunsch angeben mussten, gab Torben an, er wolle Lokführer werden. Für ihn gab es auch keine Alternative.

Genau so kam es auch nach dem Schulabschluss. Torben machte seine Ausbildung zum Lokführer. Diese machte er mit großem Fleiß und sehr viel Disziplin.

Seine Ausbilder lobten ihn ständig und meinten, er sei ein Vorbild für die anderen Azubis.

Auch diese Zeit ging vorbei. Torben wurde nun endlich als Lokführer eingesetzt. Ganz stolz war er, als er zum ersten Mal die Lok alleine fahren durfte. Es waren jetzt erst nur kürzere Strecken, später aber dann auch schon die langen Strecken, die er am liebsten fuhr.

Trotzdem er sich seinen Wunsch erfüllt hatte, baute er sich in seiner eigenen Wohnung eine große Eisenbahnplatte auf. Es war schon ein Vergnügen, dem zuzusehen. Torben hatte sie mit so viel Liebe und Verstand aufgebaut, dass man, wenn man länger zuschaute, glaubte, man sei in dem Geschehen oder der Landschaft mitten drin.

An seinen freien Tagen spielte er einige Stunden damit. Torbens Eltern kannten seinen Spleen für die Eisenbahn und sahen es als normal an.

Leute, die bei ihm zu Besuch kamen, konnte er mit Vorführungen und Erzählungen über die Eisenbahn immer wieder begeistern.

So ging es noch einige Jahre weiter.

Torben lernte auch junge Frauen kennen, zog sogar mit einigen zusammen. Die Eisenbahn war aber irgendwie in der Beziehung immer ein Störfaktor und die Beziehung zerbrach.

Seit Kurzem aber war Torben verliebt. Bei einer Weiterbildung lernte er Inga kennen. Sie sollte die Frau fürs Leben sein. Nach einem halben Jahr zog Inga bei Torben ein. Sie arbeitet im Verwaltungsbereich der Bahn und kannte Torben schon länger, aber nur flüchtig. Über seine Leidenschaft zur Bahn wurde im Betrieb auch schon erzählt, also war das auch nicht neu für Inga.

Sie fand es am Anfang auch recht interessant, später aber war ihr das auch zu viel. Nun spielte Torben nur noch, wenn Inga sich im Fitnesscenter einmal in der Woche zwei Stunden austobte.

Das klappte gut, somit waren beide Seiten zufrieden. Es war ein harmonisches Zusammenleben, denn beide ergänzten sich. Nie fiel ein böses Wort, sie hatten viel Spaß und lachten gerne und viel.

An das Zusammenleben hatten sie sich nun so sehr gewöhnt, dass keiner mehr ohne den anderen sein konnte, was auch Torbens Eltern glücklich machte.

Es war wieder Samstagnachmittag und somit auch Ingas Sporttag. Torben freute sich schon wieder auf seinen Eisenbahnnachmittag, aber es sollte nicht sein. Inga ging es nicht gut. Sie streichelte dauernd ihren Magen und Bauch, hatte sich schon mehrfach übergeben und sah kreideweiß im Gesicht aus.

Torben beunruhigte das, denn er kannte Inga bis heute nur froh und gesund. Inga legte sich auf die Couch und versuchte, etwas zu schlafen, was ihr nicht gelang. Ständig überkam sie die Übelkeit, nun kam noch ständig Erbrechen dazu, es war also schon ziemlich schlimm. Torben kochte Inga Magen- und Darmtee, aber auch der kam gleich nach dem Verzehr wieder raus. Beide machten sich große Sorgen und überlegten, ob Inga irgendetwas Falsches oder Verdorbenes gegessen hatte. Nach einigen Stunden und viel Ruhe beruhigte sich Ingas Magen und ihr ging es besser. Am nächsten Morgen begann die Übelkeit von Neuem.

Diese Übelkeit hielt jetzt mehrere Tage an. Inga suchte ihren Hausarzt auf, der sie krankschrieb und ihr Bettruhe verordnete.

Es wurde und wurde nicht besser. Den Rat von Torbens Mutter, mal die Frauenärztin aufzusuchen, nahm Inga jetzt an.

Diese stellte auch gleich eine Diagnose fest: Schwangerschaft in der neunten Woche. Inga konnte das kaum glauben, denn sie hatte ihre Periode regelmäßig. Nun sollte sie schwanger sein? Was würde Torben sagen? Sie hatten noch nie über Familienplanung gesprochen.

Torben wartete schon sehnsüchtig auf Inga, die wieder total blass in der Tür stand und ihm die neue Nachricht überbrachte.

Jetzt wurde Torben blass. Ein Kind, ein Kind, dachte er und das Wort „Kind“ speicherte sich wie ein Echo in seinem Kopf. Was wird dann aus meiner Eisenbahn? Ich werde das Zimmer dann räumen müssen. Nein auf gar keinen Fall gebe ich meine Eisenbahn auf. Diese Gedanken gingen kreuz und quer durch Torbens Kopf.

Inga erzählte ihm ganz freudig von ihrem Arztbesuch, merkte dann aber, dass Torben weit weg war und gar nicht zuhörte.

„Hallo junger Mann, Sie werden Papa!“, rief Inga nun mit lauter Stimme. Jetzt dröhnte wieder das Wort „ Papa, Papa, Papa!“ wie ein Echo in seinem Ohr.

Endlich nahm er Inga wahr. „Bist du dir ganz sicher? Können die sich da beim Arzt auch nicht geirrt haben?“

„Nein, ich habe es schriftlich“, freute sich Inga. „In sieben Monaten oder vielleicht schon etwas früher werden wir Eltern sein. Ich werde es gleich meinen Eltern berichten.“ Sie ging glücklich zum Telefon, während Torben immer noch ganz benommen von der Nachricht war.

Er ging in sein Eisenbahnzimmer und dachte nach. Seine Eisenbahn wollte er auf keinen Fall aus dem Zimmer räumen, nicht einmal für ein Baby. Während sich Inga sehr über den heranwachsenden Zuwachs freute und schon Pläne machte, wurde Torben immer ruhiger.

Er sprach kaum noch mit Inga, zog sich zurück und war nicht mehr der Torben, mit dem sie bis jetzt zusammengelebt hatte.

Inga sprach mit ihren Eltern darüber, die der Meinung waren, Torben müsse sich erst daran gewöhnen und dass man ja nicht jeden Tag plötzlich Papa wird.

Nach Ende des vierten Schwangerschaftsmonats hatte sich zwischen den beiden noch nicht wieder alles normalisiert. Inga kaufte Babygarderobe, zeigte sie Torben, der wollte diese aber nicht sehen und verließ das Zimmer. Als Inga ihm etwas später zeigen wollte, dass das Baby sich bewegt, nahm er wieder Reißaus.

So kann es nicht weitergehen, dachte Inga. Sie packte ihre Sachen und zog zu ihren Eltern. Das war ein Alarmsignal für Torben.

Inga war weg und Torben wieder allein. Das wollte er aber auch nicht, denn er liebte sie über alles. Sie hatten doch so eine schöne Zeit miteinander.

Torben nahm all seinen Mut zusammen und suchte Ingas Eltern auf. Ohne Inga wollte er nicht mehr sein, das war ihm jetzt bewusst, wo sie weg war.

Ingas Mutter öffnete die Tür mit den Worten: „Oh, der werdende Papa ist da! Willst du deine Familie zurückholen?“

Torben traute sich nicht gleich, etwas zu sagen, flüsterte dann aber mit zittriger Stimme: „Ja, Inga soll zurückkommen, ich werde schweren Herzens mein Eisenbahnzimmer räumen." Dabei kullerten ihm Tränen aus den Augen, als wäre einer gestorben.

Ingas Eltern, Inga und Torben, setzten sich ins Wohnzimmer und redeten über die jetzige Situation. Es gebe immer eine Lösung, meinte der Vater, während die Mutter anschließend die Lösung hatte.

„Wir können doch mit Torben die Wohnung tauschen. Wir brauchen die vier Zimmer doch gar nicht. Die zwei kleinen Zimmer werden sowieso nicht genutzt und Schlafgäste haben wir auch nie. Wenn wir Torbens Wohnung nehmen, haben wir immer noch ein kleines Zimmer für das Enkelkind, wenn es mal bei uns ist. Ihr dagegen habt ein Zimmer für das Baby und Torben kann sein berühmtes Eisenbahnzimmer behalten."

Nun hatte Torben wieder so ein leichtes Blitzen in den Augen und Inga freute sich auch über die Äußerungen der Mutter. „Das wäre doch eine super Lösung, oder was meint ihr?"

„Ja", strahlte Torben nun, „das wäre die Lösung! Ich würde beim Umzug auch ganz viel mithelfen und meine Freunde bitten, uns zu unterstützen, damit ihr nicht so viel Arbeit habt."

Als Torben beim nächsten Arztbesuch dabei sein durfte und erfuhr, dass sie einen Sohn bekommen, war die Freude groß. „Er wird später auch

Lokführer und kann schon, wenn er laufen kann, mit mir und der Eisenbahn spielen."

Von nun an konnte Torben die Zeit bis zur Entbindung gar nicht mehr abwarten. Er strich jeden Tag im Kalender ab, der vergangen war, so groß war jetzt die Freude auf den Sohn.

Auch die Zeit verging und Inga brachte einen kleinen niedlichen Sohn zur Welt. Den Namen durfte Torben bestimmen, welcher ihn „Jasper" nannte. Ja, der Name gefiel allen anderen und Inga sehr.

Inga sagte leise: „Es ist mein kleiner Torben."

Er war ihm so was von ähnlich!

„Jetzt ist unsere Familie komplett", sagte Torben, wobei Inga den Kopf schüttelte und meinte, dass ein Kind ein Sorgenkind sei, und dass Jasper, wenn er aus dem Windelalter raus ist, noch ein Geschwisterchen bekommen sollte.

Alle lachten, nickten ihr aber bejahend zu.

Es waren schöne und glückliche Jahre, die diese kleine Familie hatte. Der kleine Jasper wuchs heran, und genau wie Torben stand auch er jeden Morgen am Schaufenster und sah sich die Eisenbahn an. Sein Interesse an Eisenbahnen war zwar nicht so groß wie Torbens, aber er war auch schon ein Narr und spielte mit seinem Papa gerne und oft mit der Eisenbahn.

Als Jasper vier wurde, stand fest, dass er ein Schwesterchen bekommen würde. Diesmal war Torben gleich in freudiger Erwartung.

Ohne Fleiß kein Preis

Es ist schon eine Weile her, als die Familie Grauman in einer Stadt am Strelasund lebte.

Sie waren eine ganz normale Durchschnittsfamilie mit Höhen und Tiefen, auch der Alltag war wie in jeder anderen Familie.

Herr Grauman ging arbeiten, er war Mechatroniker in einem mittelständischen Betrieb. Frau Grauman war Versicherungskauffrau, sie arbeitete aber nur den halben Tag, denn zu Hause gab es auch immer noch genug zu tun.

Dann gab es noch die beiden Töchter, Franka und Zoé, sie waren wie Katz und Maus. Ständig gab es Streit zwischen den beiden, weil Zoé die aufgetragenen Aufgaben der Mutter immer an Franka übergab. Franka machte fast alles immer alleine. Weil Zoé aber drei Jahre jünger war als Franka, war sie somit das Nesthäkchen und durfte sich fast alles erlauben. Das fünfte Rad am Wagen war Emil, der Hund der Familie. Emil war ein weißer Mischlingshund. Er war eine Mischung zwischen Pudel und Yorkshire. Ein ganz niedliches Kerlchen und nicht allzu groß.

Eigentlich sollten sich die Mutter und die beiden Mädels mit dem Gassigehen abwechseln, aber so war es fast nie. Frau Grauman ging immer, bevor sie in die Agentur ging, wenn sie nach Hause kam, und vor dem Abendbrot mit Emil. Bei ihr klappte es fast immer, manchmal übernahm Herr Grauman auch die Runde für seine Frau, das passierte aber ganz selten.

Probleme gab es wirklich nur, wenn Zoé mit Emil gehen sollte. Sie hatte ständig Ausreden, um es wieder an Franka abzugeben. Ihre Ausreden waren ständig: Sie müsse noch Aufgaben für die Schule erledigen oder ihr gehe es nicht so gut oder aber sie müsse dringend mit ihrer Schulfreundin Levke telefonisch etwas ganz Wichtiges klären. Das ging ständig so und die Eltern standen Zoé immer bei und unterstützten das noch, indem sie immer zu Franka sagten: „Sie ist doch die Kleine, mach das mal für sie, du bist doch schon groß."

So war es jedes Mal, wenn Zoé keine Lust hatte und ihre Ausreden an den Tag legte.

Beim Aufräumen oder Müll raustragen war es ähnlich. Franka machte diese Ungerechtigkeit sehr zu schaffen, sie überlegte sogar schon, ob sie nicht für eine Weile zu ihrer Oma ziehen sollte, die auch dicht an der Schule wohnte. Natürlich hatte sie ihre Eltern sehr lieb, fühlte sich aber ungerecht behandelt.

Franka war zwar schon sechzehn und Zoé erst dreizehn Jahre alt, dennoch fand Franka, dass man mit dreizehn auch schon fast erwachsen ist und nicht immer die Kleine spielen muss.

Heute war Zoé wieder mit Emil dran, Gassi zu gehen. Morgens klappte es ja noch, nach der Schule auch, aber am Abend, lief gerade ein Film im TV, da ließ sie sich einfallen, ihr ginge es nicht gut.

Wer war nun der Gassigänger wieder, natürlich Franka. Sie wurde gar nicht mehr gefragt, es wurde festgelegt und fertig.

Als Franka schon fast mit der Gassirunde fertig war, setzte sie sich noch für ein paar Minuten im Park auf eine Bank, um mit Greta, ihrer Freundin, zu telefonieren und ihren Frust abzulassen. Emil saß ganz brav vor ihr und hörte zu. Es tat Franka gut, mit jemandem zu reden.

Sie verabschiedete sich von Greta, wollte die Leine greifen und gehen.

Oh je, Emil war weg. Franka suchte überall nach ihm, rief ihn, aber vergebens.

Vielleicht ist Emil auch schon nach Hause gelaufen, er kennt ja den Weg, dachte sie. Eigentlich hätte Emil zu Hause sein müssen, denn er war schon fünf Jahre und ging jeden Tag mehrmals die Gassirunde. Leider war es nicht so. Er war sicher einer läufigen Hundespur hinterhergelaufen.

Zu Hause angekommen berichtete Franka vom Verlust Emils. Die Eltern waren außer sich, als sie das hörten. Natürlich gab Zoé gleich wieder ihren Teil dazu und meinte, wenn sie ihn weglaufen lassen hat, solle sie ihn jetzt auch suchen. „Mir wäre das nicht passiert."

„Genau, so sehe ich das auch", meinte der Vater mahnend.

Franka weinte und war verzweifelt. Sie war genau so verzweifelt und traurig über Emils Verschwinden, aber ihn jetzt in der Dunkelheit suchen, wo die Eltern doch wissen, dass sie sich im Dunklen immer fürchtet?

„Nun los, geh und such Emil endlich!“, rief Zoé aus ihrem Zimmer.

„Ich kann aber jetzt, so spät, nicht mehr durch die Gegend laufen. Ihr wisst doch, dass ich mich im Dunklen so sehr fürchte. Dann soll Zoé mitkommen, es wäre ja ihre Gassirunde gewesen.“

„Nein, du gehst alleine, denn Zoé hätte sicher besser auf Emil aufgepasst“, sagte der Vater streng.

Franka weinte unaufhörlich, aber es half ihr nicht. Niemand in der Familie hatte Erbarmen mit ihr. Obwohl ihre Mutter nichts dazu sagte, schloss sie sich der Meinung des Vaters und Zoés an, denn ihr Nicken war eine Zustimmung zu den Worten der beiden.

Franka zog sich ihre Jacke an und ging weinend los. Sie hatte sich eine Taschenlampe mitgenommen, um die Ecken abzuleuchten.

Hoffentlich finde ich Emil!, wünschte sie sich im Stillen.

Franka ging die Hauptstraße lang, immer in eine Richtung. Nach einer Stunde war sie fast am Ende der Stadt angekommen. Sie stand vor einem Tunnel, der auf die Insel Rügen führte. Im Tunnel war es stockfinster.

„Soll ich da jetzt durchgehen?“, sprach Franka leise zu sich selbst. „Nein, meine Angst ist zu groß, mein Herz springt gleich aus meinem Körper, so stark klopft es. Ich werde warten, bis es etwas hell wird, und dann gehe ich in Richtung Rügen.“

Die Zeit konnte Franka nicht einschätzen, sie hatte weder Uhr noch Handy mitgenommen. Es muss aber schon sehr spät sein, denn um 19.30 Uhr bin ich ungefähr losgegangen von zu Hause, nun irre ich schon eine Ewigkeit umher. Ja, ich glaube, es ist schon Mitternacht oder sogar später, gingen Franka die Gedanken durch den Kopf.

Sie befand sich jetzt auf einem hell beleuchteten Platz, der einem Busbahnhof ähnelte. Es standen sogar einige Busse hier, in denen aber kein Fahrer war. Ganz selten gingen auf der anderen Seite auch mal Pärchen oder einige Jugendliche vorbei. Im Allgemeinen aber herrschte absolute Stille.

Franka entdeckte zwei nebeneinanderstehende Bänke. Auf eine dieser Bänke setzte sie sich, denn sie war schon sehr fertig und erschöpft von der langen Suche.

Für einen kurzen Moment schlief Franka ein, wurde aber gleich wieder wach, weil sie ein schrecklicher Gedanke quälte. „Was ist, wenn Emil nicht mehr lebt, wenn er von einem Auto überfahren wurde oder er ertrunken ist?“

Plötzlich kam wieder die Gier des Suchens in ihr auf, obwohl sie schon gerne in ihrem Bett zu Hause jetzt gelegen hätte.

Franka schaute zum Himmel, der schon erkennen ließ, dass ein neuer Tag angebrochen war.

„Ich werde jetzt durch diesen Tunnel gehen, es wird ja jetzt schon von Minute zu Minute heller. Bald werden mir auch Leute, die auf den Weg zur Arbeit sind, entgegenkommen“, sprach sie vor sich hin, um ihre Angst zu vertreiben.

Franka betrat den dunklen Tunnel, den sie jetzt schon gar nicht mehr so schlimm fand, denn sie konnte schon den Ausgang sehen, durch den auch schon Tageslicht hereinschien.

Frankas Herz pochte noch ganz laut, obwohl sie nun gar nicht mehr so viel Angst hatte, denn inzwischen fuhren auch einige Leute mit dem Fahrrad an ihr vorbei.

Es ist sicher mein fehlender Nachtschlaf, der mein Herz so laut klopfen lässt, dachte Franka bei sich und merkte, dass sie schon das Ende dieses Tunnels erreicht hatte.

Als Franka aus dem Tunnel heraustrat, schaute sie zum Himmel. Es war schon zu erkennen, dass heute ein wunderschöner Tag begann.

An so einem wunderschönen Tag werde ich Emil bestimmt finden und ihn dann nie wieder loslassen, dachte sie.

Franka ging immer geradeaus, sie wusste nicht genau, wo sie suchen sollte, deshalb rief sie ihren Emil oft in jede Richtung.

Nachdem Franka schon wieder viele Kilometer hinter sich gelassen hatte, war sie erschöpft und hatte Hunger. „Ich habe weder Geld noch Handy, ich werde jämmerlich verhungern und dann finden mich meine Eltern nicht mal, denn die wissen ja nicht, wo ich gerade bin. Ich selbst weiß es ja auch nicht.“

Wieder und immer wieder rief sie nach Emil, aber vergebens.

Aus einem großen Gebäude hörte Franka es ganz laut muhen. Sie lief sofort dort hin und öffnete die Tür.

Vielleicht ist Emil hierhergelaufen, dachte sie noch, als sie von sieben Kühen angeschaut wurde. Die Kühe hatten einen traurigen Blick und ihre Euter tropften schon.

Sie müssen unbedingt gemolken werden!, dachte Franka und erinnerte sich noch an ihre Klassenfahrt zum Bauernhof. Dort hatte man ihnen gezeigt, wie eine Kuh gemolken wird.

Obwohl sie sehr hungrig, durstig und erschöpft war, ging sie bei und melkte alle sieben Kühe. Die vollen Kannen deckte sie zu und stellte diese an die Seite. Eine Schale voll Milch trank Franka selbst, denn ihr Durst war so groß, dass sie nicht widerstehen konnte.

„Also, hier ist Emil auch nicht“, seufzte Franka und ging wieder weiter.

Sie ging und ging, rief zwischendurch nach Emil, der ja nicht zu finden war, und dachte an zu Hause. An ihre Eltern, die so skrupellos waren, sie nachts aus dem Haus schickten und sich jetzt wahrscheinlich nicht einmal Gedanken machten, wo sie sein könnte. Ja, wahrscheinlich merken die nicht einmal, dass ich noch nicht zu Hause bin. Und das alles wegen Zoé, weil ich ihre Hunderunde übernommen habe.

Franka war hier in einem Dorf, in dem sie ganz viele Hühner gackern hörte. „Oh, hier wird Emil sein, deshalb gackern die Hühner wohl so laut“, redete sich Franka ein und lief ganz schnell zum Hühnerstall.

Oh, wie sah es hier aus! Der ganze Boden lag voller Eier, die Hühner saßen auf einem Gerüst und in den Ecken. Sie konnten ja auch gar nicht mehr auf dem Boden laufen, es war ja kein Platz mehr.

Schrecklich, hier war ja wohl schon lange niemand mehr, um die Eier einzusammeln. Mein Emil aber auch nicht, wie schade, dachte Franka und war dem Weinen wieder nahe.

Sie sammelte alle Eier in einen großen Korb, welcher in einer Ecke des Stalls stand, und ging nach draußen. Total erschöpft setzte sie sich für einige Minuten unter einen schattigen Baum. Ihre Gedanken waren nur bei Emil und ihren Eltern.

Ohne Hund brauche sie gar nicht zurückzukommen, hatte ihr Vater ihr noch nachgerufen.

Dann werde ich wohl nie wieder nach Hause können, denn so, wie es gegenwärtig aussieht, werde ich Emil nicht finden. Vielleicht fand ihn auch jemand so niedlich und hat ihn mitgenommen. Emil ist so zutraulich, der geht mit jeden, der nett zu ihm ist, mit.

Franka erhob sich und ging weiter, immer weiter. Am Ende dieses Weges stand ein großes, orangefarbenes Gebäude. Durch seine leuchtende Farbe und seine Größe fiel es gleich auf.

Über der breiten Glastür, welche wohl der Eingang war, stand in großen Buchstaben: DAS HAUS DER KLUGEN KÖPFE

Oh, dachte Franka, das ist bestimmt eine Universität.

In dem Augenblick kam auch schon eine schon etwas ältere Frau aus dem Gebäude. Sie ging schnurstracks auf das Mädchen zu. Bei Franka angekommen fragte die Frau mit netten Worten und einer angenehmen Stimme, ob sie die neue Schülerin sei.

Franka verneint ihre Frage. „Ist das hier denn keine Universität?“, fragte Franka die nette Frau.

„Aber nein, es ist ein Gymnasium für die letzten beiden Schuljahre. Die Schüler kommen hierher, um ihr Abitur zu machen.“

„Oh“, staunte Franka, „und das kann jeder, der die zehnte Klasse abgeschlossen hat, hier machen?“

„Ja, jeder, der das Wissen und den Mut dafür hat. Aber weshalb bist du hier?“

„Das ist eine lange Geschichte.“ Franka begann, der Frau alles von Emil und ihrem Zuhause zu erzählen.

Gerade in diesem Augenblick kam Emil, der Familienhund von Familie Grauman, angelaufen.

„Ja, ja, das ist er!“, rief Franka aufgelöst, halb lachend, halb weinend. „Das ist der Grund, weshalb ich hier bin.“

Sie nahm Emil in den Arm und küsste ihn, als wäre er ein Kind. Die Freude war so groß, dass die Frau jetzt auch vor Rührung zu weinen anfing.

„Jetzt, wo wir uns doch schon stundenlang unterhalten haben, muss ich mich erst einmal bei dir vorstellen, was ich meistens zu Beginn einer Begegnung mache. Ich bin Frau Geissler, die Schulleiterin vom Haus der klugen Köpfe. Es ist schon sehr spät, ich kann dich so spät nicht mehr gehen lassen. Wir werden jetzt deine Eltern anrufen, damit sie wissen, wo du bist. Entweder sie holen dich heute noch hier ab oder du übernachtest hier. Wir haben noch einige Schülerschlafräume frei.“

„Oh ja“, rief Franka begeistert, „rufen Sie nicht meine Eltern an, sie haben mich zu Unrecht hinausgeschickt, eine kleine Strafe muss sein. Außerdem bin ich so müde, dass mir im Stehen schon die Augen zufallen."

„In Ordnung, Franka, gib mir trotzdem die Telefonnummer von euch zu Hause, dann rufe ich gleich morgen früh an, wenn das für dich in Ordnung ist."

Franka wurde mit ihrem Emil in ein niedliches kleines, aber gemütliches Zimmer gebracht, in dem sie sich sehr wohlfühlte.

Hier würde ich auch gerne bleiben, dachte Franka und schlief mit Emil im Arm ein.

Wie versprochen rief Frau Geissler gleich am nächsten Morgen bei Familie Grauman an. Frau Grauman freute sich so sehr über diesen Anruf, dass sie in Tränen ausbrach. „Wir sind so froh, dass Franka nichts passiert ist. Wir wären jetzt zur Polizei gefahren und hätten eine Vermisstenanzeige aufgegeben. Zum Glück ist alles gut. Wir kommen sofort und holen sie ab. Vielen Dank für Ihren Anruf, Frau Geissler."

Frau Geissler wunderte sich, dass sie Franka noch nicht gesehen hatte. Sie ging an Frankas Zimmertür und klopfte ganz vorsichtig an. Es kam keine Stimme von drinnen, also öffnete Frau Geissler vorsichtig die Tür, in der Annahme, Franka sei schon zu ihr ins Büro gegangen.

Aber nein, Franka lag immer noch mit Emil in den Armen im Bett und schlief.

„Franka, du musst aufstehen, deine Eltern werden gleich hier sein, um dich abzuholen!“

Als Franka das Wort Eltern vernahm, wurde sie auf Anhieb wach. „Oh, Entschuldigung, Frau Geissler, meine Eltern kommen gleich? Was haben sie denn zu Ihnen gesagt?“ Franka hatte viele Fragen.

„Deine Eltern haben sich ganz große Sorgen um dich gemacht, das werden sie dir ja alles selbst sagen. Mach dich erst einmal fertig, wir sehen uns gleich in der Cafeteria, dort kannst du dann frühstücken.“

Frau Geissler setzte sich schon in die Cafeteria an einen Fenstertisch. Von hier konnte sie sehen, wer das Gebäude betrat.

Es dauerte nicht lange, da kam Franka mit Emil an ihren Tisch, zeitgleich trafen auch Frankas Eltern ein. Frau Geissler ging ihnen entgegen und brachte sie mit an den Tisch.

Sie küssten und umarmten abwechselnd Franka und man konnte erkennen, wie sehr sie ihre Tochter liebten.

Frau Geissler holte ein Frühstück für Franka und Kaffee für Familie Grauman und sich.

Sie führten lange und ausgiebige vernünftige Gespräche, bis Franka sich zu Wort meldete, die bis jetzt nicht viel gesagt hatte.

„Mama und Papa, ich habe eine ganz große Bitte an euch, ich möchte hier, auf dieser Schule, mein Abitur erreichen. Ich würde, wenn Frau Geissler es erlaubt, in zwei Wochen zurückkommen und hierbleiben. Bis dahin können wir bei uns alles regeln."

Die Eltern schauten sich verdutzt und staunend an und sahen dann zu Frau Geissler, die auch erstaunt war.

„Ja, aber, Franka, du bist doch erst in der zehnten Klasse", stotterte Frau Grauman etwas zögernd.

„Ja", gab Franka gleich wieder von sich, „hier kann ich mein Abi auch schon nach der zehnten Klasse machen, wenn meine Leistungen gut sind."

Nun übernahm Frau Geissler wieder das Reden. Sie erklärte den Eltern das gesamte Drum und Dran dieses Gymnasiums.

„Na ja", fing jetzt Herr Grauman an, „sehr gute schulische Leistungen hast du ja, aber wirst du auch kein Heimweh bekommen? Und die Preisfrage muss auch noch geklärt werden."

„Ach, Papa", bettelte Franka ganz lieb, „das schaffen wir doch alles in zwei Wochen. Das mit dem Schul- und Internatsgeld könnt ihr doch heute schon mit Frau Geissler klar machen. Das Zeugnis können wir morgen reinreichen und alles andere packen wir auch. Bitte, Papa, sag Ja!"

Franka hatte so lieb und ausdauernd gebettelt, dass Herr Grauman, nach einem Zunicken seiner Frau, nur noch Ja sagen konnte.

Nun sahen sie alle drei Frau Geissler an.

„An mir soll es nicht liegen. Wir sind immer bestrebt, gute und lernwillige Schüler bei uns aufzunehmen. Zimmer haben wir auch genug, somit wäre eine Unterbringung möglich. Wenn Sie viel Zeit mitgebracht haben, lassen Sie uns in mein Büro gehen, um alles Weitere zu besprechen. Auch die gesamte Schule und die Internatsräume können Sie besichtigen."

„Der Tag ist sowieso schon verplant, wir haben uns beide heute freigenommen", erwähnte Herr Grauman so ganz nebenbei.

Der Tag war über die Hälfte rum, als Familie Grauman das Gymnasium verließ. Alle sahen zufrieden aus und waren begeistert von dem Gymnasium, dem Internat und auch von Frau Geissler.

„Oh, ich freue mich schon ganz doll auf den Beginn an dem Gymnasium", wiederholte sich Franka immer wieder. „Ihr werdet sehen, ich werde es packen, ich werde ganz viel lernen, um mein Abi nach der zehnten Klasse zu schaffen."

„Immer abwarten", meinte Herr Grauman. „Selbst wenn du dein Abi nach der zwölften Klasse machst, sind wir stolz auf dich."

Endlich wieder zu Hause angekommen, berichtete Franka ihrer Schwester über das Geschehene und ihr Vorhaben.

Zoé war darüber gar nicht erfreut. „Was? Schon in zwei Wochen? Wer soll dann immer mit Emil Gassi gehen, etwa immer nur ich? Und wer erledigt alles andere? Ich habe auch genug für die Schule zu tun!“, äußerte sich Zoé trotzig.

„Du bist ja noch lange nicht so weit, aber wenn bei dir später die Frage ansteht, werden wir dir auch keine Steine in den Weg legen“, schlichtete Herr Grauman.

„Dann kannst du ja noch die beiden Wochen mit Emil gehen und alles andere machen, denn wenn du weg bist, trage ich ja die Last alleine“, murrte Zoé immer noch.

Die Eltern Graumann mussten lachen, sie erkannten ein bisschen den Neid in Zoés Wortlaut. „Das kriegen wir alles hin, wir sind doch noch zu dritt“, riefen Herr und Frau Grauman fasst im Gleichen Atemzug.

Franka schwebte derweil schon auf Wolke sieben. In Gedanken machte sie schon ihre Zukunftspläne.

Als Franka am nächsten Tag ihrer Freundin Greta davon erzählte, war die auch nicht begeistert davon. Wie oft hatte sie doch mit Franka zusammen gelernt und die Hausaufgaben gemacht. Nun war sie alleine. Ja, da waren noch zwei andere Freundinnen, mit denen Franka und Greta oft abhingen, aber zum Lernen und Hausaufgaben machen waren sie nicht bereit.

„Ich bin traurig“, fiel Greta Franka um den Hals.

„Wir können täglich telefonieren, und wenn du Fragen hast, alles ist machbar, auch telefonisch. An den Wochenenden bin ich immer zu Hause, da sehen wir uns doch. Sei nicht traurig, es ist eventuell nur ein Jahr, und wenn ich dann schon mein Abi habe, kann ich dich auf deins vorbereiten.

„Ja, das macht Sinn“, lächelte Greta jetzt wieder.

„Du als meine beste Freundin kannst mir helfen, meine Sachen zu packen, damit ich nichts Wichtiges vergesse.“

„Das mache ich natürlich gerne!“, antwortete Greta.

Die nächsten Tage vergingen wie im Fluge. Eigentlich viel zu schnell, denn ehe sich Franka versah, waren die zwei Wochen um.

Morgen würde sie für über ein Jahr im Internat auf Rügen wohnen, leben und lernen. Es würde eine spannende Zeit für sie werden. Die Herausforderung, ein Jahr früher das Abi zu absolvieren, war groß.

Frankas neues Leben hatte nun auf Rügen begonnen. Es gab auch hier Höhen und Tiefen. Als neu dazu gekommene hatte sie es am Anfang nicht leicht. Franka konnte aber gut damit umgehen und ignorierte das. Neue Freundinnen gab es auch für sie. Ihre Zimmerkameradin, Lena, war mit ihr auf derselben Wellenlänge, beide kamen gut miteinander klar.

Dann waren da noch Alice und Marie. Auch sie waren jetzt gut mit Franka befreundet. Diese vier Mädchen waren auch eine Lerngruppe. Franka war hier voll ausgelastet, das Pensum war schon sehr hoch. Sie lernte und lernte, tagaus und tagein. An den Wochenenden, an denen nicht so viel Lernstoff zu erledigen war, fuhr sie nach Hause und genoss das Wochenende mit der Familie und ihren Freundinnen. Sogar Zoé, die eigentlich immer so gehässig zu Franka war, freute sich sehr, wenn sie am Wochenende nach Hause kam. Sie wollte sogar, dass Franka mit bei ihr im Zimmer schlief, damit sie quatschen konnten. Das Verhältnis zwischen den beiden Schwestern war durch die Trennung besser geworden. Zoé hatte sogar zu Franka gesagt, sie sei ihr Vorbild und sie möchte später auch so werden wie Franka. Darüber freute sich Franka sehr und somit waren die Streitereien von früher vergessen.

Das lehrreiche Jahr auf dem Gymnasium verging wie im Flug.

Nach dem Schuljahr legte Franka ein gutes Abitur ab. Ihre Familie war sehr stolz auf sie

Beim Abiball war Frankas ganze Familie dabei, auch Zoé, sie tanzte sogar mit einigen Jungs aus Frankas Jahrgang.

So, nun war der Grundstein für die große weite Welt gelegt. Jetzt erst einmal Ferien genießen, dann um einen Studienplatz zur Architektur bewerben, der wieder in einer anderen Stadt war.

„Du wirst dein Leben meistern, denn du hast den richtigen Plan und weißt genau, was du willst“, lobten die Eltern sie.

Die stumme Lea

Lea bleibt stumm, sie sagt nichts mehr,
macht sich das Leben richtig schwer.
Sie redet nicht, nicht mal einen Ton,
dabei konnte sie doch sprechen schon.
Es war ein Schreck, den sie bekam,
der ihr die Sprache plötzlich nahm. Ganz plötzlich
war es mit dem Sprechen aus,
Lea bekam keinen Ton mehr heraus.
Mediziner waren an der Sache dran,
sie überlegten, was man machen kann.
Aber keiner von ihnen konnte helfen oder wusste
einen Rat,
bis der kleine Aron in ihr Leben trat.
Aron spielte mit ihr, tagaus tagein,
trotz ihrer Stummheit fanden beide das fein.
Doch eines Tages, wer hätte das gedacht,
hat Lea sich zum Retter gemacht.
Beim Ballsielen rollte dieser auf eine Straße,
wobei Aron gleich hinterher raste.
Ein Auto kam viel zu schnell heran, und Lea ruft
mit Stimme prompt:
„Aron, bleib stehen, ein Auto kommt!“
Aron blieb stehen, bekam einen Schreck,
er staunte mit großen Augen, die Stummheit der
Lea war ganz plötzlich weg.
Durch einen Schreck war die Stummheit gekom-
men,

aber auch durch einen Schreck wieder genommen.
Diese Geschichte nimmt ein gutes Ende,
sie lagen sich in den Armen und gaben sich die
Hände.

Die kleine Erika mit den dunklen Locken und den großen braunen Augen

Dieses kleine hübsche Mädchen, die Erika hieß, lebte 1936. Zu dieser Zeit war noch kein Krieg, aber es war keine gute Zeit.

Erika lebte mit noch sieben Geschwistern in einem nicht sehr großen Haus, mitten im Wald in Groß Trampken, einem kleinen Dorf bei Danzig in Polen.

Obwohl ihre Familie sehr arm war und wenig zu essen hatte, waren die Kinder alle sehr glücklich hier. Einige von ihnen gingen in die Dorfschule, die anderen tobten den ganzen Tag im Wald umher. Erika war erst fünf Jahre alt, sie ging noch nicht in die Schule. Sie musste meistens auf ihre zwei Schwestern, die noch jünger waren, aufpassen. Weil sie aber ein total wildes Kind war, welches das Temperament eines Jungen hatte, brachte sie ihren kleinen Schwestern nur Unsinn bei. Dafür gab es von der Mutter sehr viel Schimpfe und Strafe.

Sie kletterte sehr viel und gerne auf Bäumen herum, schmiss Steine durch die Gegend und hatte immer einen Ast von Bäumen in der Hand, mit dem sie umher schlug. Sie war ja noch klein und dumm, da passierte es auch schon, dass sie den Vögeln ein Bein ausriss und diese dann wegwarf. Ja, sie war so ein niedliches kleines Mädchen, aber mit allen Wassern gewaschen.

Die Kinder waren sich die meiste Zeit selbst überlassen, die Mutter putzte bei anderen, wohlhabenden Leuten, um Geld für die Familie zu verdienen, und der Vater war im Krieg, denn inzwischen schrieb man das Jahr 1939. So war es eben fast überall, dass die Kinder sich alleine überlassen waren. Spielzeug gab es in den Zeiten auch kaum für solche armen Familien, also behalfen sich die Kinder mit Stöckern, Ästen, Steinen oder bauten sich Höhlen im Wald, wo sie dann spielten oder Unfug trieben.

Auch wenn Krieg war, den Kindern wurde es nicht langweilig und von Krieg hatten sie keine Ahnung. Sie lebten in dieser Zeit und sahen diese als ganz normalen Alltag an.

Erika hatte inzwischen das siebente Lebensjahr erreicht und somit das Einschulungsalter. Sie war sehr klein, dennoch freute sie sich auf das neue, die Schule.

Die Zeit des Spielens war nun vorbei, denn jetzt wurde sie ein Schulkind.

Sie bekam die Schultasche ihres ältesten Bruders, Hubert, denn der hatte seine Schulzeit, es waren acht Jahre rum, und ging nun bei einem Bauer in die Lehre.

Ganz stolz war Erika heute, am ersten Schultag. Die Mutter hatte ihr aus einer alten Schürze ein Kleid mit bloßen Händen genäht, eine Tafel und etwas Kreide waren in der Schultasche. Eine

Schultüte, wie die Kinder sie heute bekommen, gab es nicht. Es waren auch nicht sehr viele Kinder in ihrer Klasse, nur die, die im Dorf oder in der Nähe wohnten. In Erikas Klasse waren nur elf Kinder, sieben Jungen und vier Mädchen. Sie verstand sich aber mit den Jungen sehr gut, da sie ebenso wild war und jeden Blödsinn mitmachte.

In der Schule hielt sie so das Mittelmaß. Wenn sie lernen wollte, gab sie sich Mühe, aber an den Tagen, an denen sie keine Lust hatte, machte sie nicht mit. Sie wurde oft von den Lehrern gerügt und bekam mit dem Zeigestock auf die Finger, weil sie wieder rumgeblödelt hatte.

Ein Zeigestock war ein langer dünner Stock, den die Lehrer zum Anzeigen von Wörtern oder Zahlen an der Tafel benutzten. Hin und wieder aber auch zum Schlagen auf die Finger.

Erika machte sich nicht viel daraus, sie war sehr hart im Nehmen. Man konnte ihr das gar nicht ansehen, denn sie war wirklich so eine kleines niedliches Püppchen, die aussah, als könne sie nichts Böses tun.

Die Jahre vergingen, Erika wuchs heran und war eine kleine Dame, sie war inzwischen dreizehn Jahre alt. Das Klettern auf Bäumen hatte nachgelassen, nur beim Versteckspielen nutzte sie es noch.

Sie war jetzt ein Mädchen, welches sich zwischen Kind und erwachsen sein befand.

Nun musste sie auch ganz viel im Haushalt mithelfen und auch ihre jüngeren Geschwister versorgen. Ja, einfach war es für sie wirklich nicht. Die Mutter mit den fünf Jungs und den drei Mädchen, zwei davon noch ziemlich klein, war schon sehr überfordert und gab Erika manchmal auch zu Unrecht einen Klaps auf den Hinterkopf oder den Po. Ja, es waren die Umstände und die Kriegszeit, die solche Situationen hervorrief.

Erika hatte schon fast den vierzehnten Geburtstag erreicht, als einige Soldaten in Uniform bei ihnen waren und mit der Mutter darüber sprachen, dass sie in den nächsten Tagen das Haus verlassen müssen. „Ihr werdet mit einem Güterzug nach Deutschland gebracht", sagte einer der Soldaten im harten Ton. Erika war ja nicht mehr so klein, sie verstand schon, dass ihre Familie ihr Zuhause verlor. Hoffentlich habe ich das falsch verstanden, dachte sie, denn sie fühlten sich doch alle sehr wohl hier.

Als die Soldaten weg waren, fing die Mutter an, Sachen zusammenzupacken. Die größeren Brüder sollten ihr wichtigstes Hab und Gut einpacken, Erika auch, aber für die beiden kleinen Mädchen packte die Mutter alles ein. Koffer gab es aber nur einen für die ganze Familie, also mussten sie sich anders behelfen. Die Mutter gab jeden ein großes Bettlaken, einigen Jungs eine Decke, wo sie reinpacken sollten, was wichtig ist, und so viel sie tragen können.

„Wir kommen hierher nie wieder zurück, nie mehr“, sagte die Mutter fast weinerlich.

„Und unser Vater, findet der uns denn da, wo wir jetzt hinkommen?“, fragten die größeren Kinder alle durcheinander.

„Wohin fahren wir denn jetzt?“, fragte Erika, ziemlich verängstigt und voller Sorge.

„Das erfahren wir erst am Bahnhof, aber es wird alles registriert, euer Vater wird Bescheid bekommen, wenn er gesund aus dem Krieg kommt.“

Nun war die Zeit des Abschieds gekommen. Früh wurden die Familie und viele andere Leute aus dem Ort zum Bahnhof gebracht. Dort standen ganz viele Güterzüge, die in alle Richtungen fuhren. Erika und ihre Geschwister hatten noch nie einen Bahnhof gesehen, sie staunten über die vielen Züge und die vielen Menschen, die hier versammelt waren. Erikas Mutter ermahnte die Kinder immer wieder, zusammenzubleiben und sich gegenseitig festzuhalten, denn bei dem Gedränge dort könne es schnell passieren, das einer mitgerissen wird.

Sie taten, was die Mutter sagte, denn alle waren verängstigt und aufgeregt. Außerdem war diese Situation neu für alle.

Nun kamen fünf Männer in Uniform und brüllten: „Diese Seite, alle hier rein, aber etwas schneller!“

Damit war auch Erikas Familie gemeint. Sie hielten sich alle ganz fest und rannten mit Gepäck hinter den anderen Leuten her.

So, nun waren sie in einem Waggon, der keine Sitze und keine Türen hatte. Nur ein Dach und Wände. Erikas Mutter suchte eine Stelle, an der sie sich mit den acht Kindern niederließ. „Hier bleiben wir jetzt alle zusammen sitzen, bis wir wieder aussteigen müssen.“

Der Waggon war überfüllt mit Familien und es war sehr laut, weil keiner noch so wirklich verstehen konnte, was gerade geschah.

Es war schon spät und stockfinster in diesem Waggon. Es herrschte totale Stille. Nur das Rollen der Räder des Zuges hörte man.

Alles schlief, als Erika im Schlaf in Richtung Tür ging und plötzlich rausfiel. Sie schrie so jämmerlich, denn sie war mit einem Bein unter die Räder des Waggons gekommen, dass plötzlich alle wach waren. Der Zug bremste, Erikas Mutter schrie vor Schreck, die Geschwister weinten laut. Alle standen draußen am Waggon, bis Sanitäter Erika ins Krankenhaus brachten. Ihre Familie fuhr nun nicht mehr weiter, sie blieben hier, wo Erika im Krankenhaus lag.

Sie kamen alle in eine Notunterkunft oder auch Flüchtlingslager genannt. Es war schlimm für die Familie, die Mutter mit den sieben Kindern, Erika nun im Krankenhaus, da wurden sehr viele Tränen vergossen.

Die Stadt, in der sie jetzt waren und in der Erika auch im Krankenhaus lag, hieß Stralsund. Hier war ihnen alles fremd, sie wohnten vorher im Wald, dort war es ruhig, alles grün und man hörte den ganzen Tag die Vögel zwitschern.

Nun waren sie in einer Stadt, wo es laut und wild war. Es gab viele bombardierte Häuser, alles war verstaubt. Hier fühlte sich Erikas Familie gar nicht wohl.

Der Krieg war inzwischen vorbei, dennoch sah man überall Soldaten, die aus dem Krieg kamen und ihre Angehörigen suchten.

Auch Erikas Vater kam nach Stralsund. Er hatte schon erfahren, was passiert war, und umso wichtiger fand er es, seine Familie zu suchen, die er nun endlich gefunden hatte.

Erikas Bein musste bis unter dem Knie amputiert werden, was für sie, als junges Mädchen, sehr schlimm war. Sie weinte jeden Tag und streichelte immer das Stück Bein, welches noch da war.

Erika bekam nach vier Wochen zwei Krücken und musste laufen lernen, was ihr nur sehr schwer gelang. Sie kam aus dem Krankenhaus, inzwischen wurde der großen Familie auch schon eine Wohnung zugewiesen, die mitten in der Altstadt war. Hier gab es weder Baum noch Rasen, es standen überall Häuser.

Ein Haus an dem anderen. Nicht einmal Sonne schien in die Räume. Die Mutter meinte aber, sie sollen alle zufrieden sein, wenigstens habe man ein

Dach über dem Kopf und man habe einander. In solchen Zeiten dürfe man nicht anspruchsvoll sein.

Es hatte aber auch sein Gutes, dass sie in Stralsund lebten. Hier gab es ein Sanitätshaus, welches der jungen Dame, Erika, nun eine Beinprothese herstellte.

Inzwischen hatte sich Erika an das Gehen mit Krücken gewöhnt, sie lief damit schnell und gut und wollte jetzt gar keine Prothese mehr.

Als die Mutter mit ihr dann aber zur Anprobe war und Erika merkte, dass die Prothese an ihrem Bein gar nicht auffiel und sie nun trotzdem beide Hände frei hatte, gefiel es ihr und sie freute sich auf ihr neues Bein.

Die Jahre vergingen, der Familie ging es allmählich besser, denn die Kinder waren mittlerweile alle groß und gingen arbeiten, so hatte die Familie auch keine finanziellen Probleme mehr.

Erika ging es auch gut, sie war ein wunderhübsches Mädchen, nein, eine junge Frau, die inzwischen schon zwanzig Jahre alt war.

Wenn man sie sah, konnte man nicht erkennen, dass sie eine Behinderung hatte, sie ging ganz normal, wie andere Leute auch.

Sie erlernte den Beruf einer Graviererin, arbeitete später dann mal hier, mal dort, aber sie verdiente immer ihr eigenes Geld.

Vor Jungs konnte sie sich kaum retten, es gab schon sehr viele, die gerne mit ihr ein Paar geworden wären.

Erika hatte auch mal die ein oder andere Liebelei, aber es schien noch nicht der Richtige dabei gewesen zu sein, denn es ging immer wieder auseinander.

Doch zu jedem Topf gehört ein Deckel, so auch zu Erika. Beim Tanzen lernte sie dann ihre große Liebe kennen. Sie tanzte den ganzen Abend nur mit ihm.

Es war Herbert, der ihr Herz erreicht hatte und mit dem sie glücklich werden wollte.

Erika hielt an ihm fest. Dass sie eine Beinprothese hatte, störte Herbert nie, er liebte sie so, wie sie war.

Sie heirateten, bekamen fünf Kinder und waren sehr glücklich.

In Stralsund blieben sie dennoch wohnen, obwohl es Erika erst nicht in dieser Stadt gefiel.

Es war eine rundum glückliche Familie, die oft über die vergangene Zeit erzählte.

Für immer in uns

Keiner mochte sie, keiner. Nicht einmal die Katzen, Hunde oder Vögel in ihrem Umfeld. Frau Habermatz, eine böse Frau, Ende siebzig, war der Schrecken der Nation. Man könnte auch sagen, sie war eine richtige Hexe.

War, schreibe ich, weil es sie nicht mehr gibt. Unser Ort ist von dieser bösen Person entsorgt.

Unser Dorf ist ein idyllischer Ort auf Usedom und ich lebe gerne hier. Die Häuser stehen nicht so sehr dicht zusammen, sodass man ringsum noch seine Privatsphäre hat. Auch die Leute um mich herum sind nett, hilfsbereit und immer freundlich. Es ist schon ein angenehmes Wohnen hier.

Ich selbst bin auch freundlich und hilfsbereit und komme auch mit jeden hier gut aus.

Nur die Habermatz, die brachte mich fast um meinen Verstand. Ich war sozusagen ihr Mobgirl, man kann auch sagen, Mädchen für alles. Ich habe es gerne getan, war ja schon in Rente, denn ich bin Ende sechzig, da hatte ich viel Zeit. Ich habe wirklich alles für sie getan. Den Haushalt, die Wäsche, den Garten, den Einkauf mit ihr, denn sie drehte jede Ware zehnmal um, bevor ich diese in den Einkaufskorb legen durfte. Ach ja, und die Bankerledigungen habe ich auch noch gemacht. Dafür bekam ich selbstverständlich auch Geld, aber es war lange nicht so viel, wie ich für diese Arbeit hätte kriegen müssen. Dafür sollte ich ihr aber auch tausendmal Danke sagen, was ich natürlich nicht tat. Von ihrer Seite kam für meine Arbeit weder ein Danke noch ein Lächeln oder zufriedenes Wort. Sie nörgelte und meckerte den ganzen Tag. Einmal, als ich mit ihr bei unserem Dorfarzt war, weil sie sonst keine Medikamente per Rezept mehr bekommen hätte, beschimpfte sie die Schwestern so aufs Äußerste, dass die froh waren, als wir wieder die Praxis verlassen hatten. Sie hatte keine Freunde und die Verwandtschaft hatte sich auch von ihr losgesagt, außer eine Schwester von ihr, diese wohnte sehr weit weg von hier, irgendwo in Bayern. Diese Schwester, sie war schon sehr alt, rief einmal im Monat bei ihr an. Sie erzählten nicht lange, vielleicht war sie ja genau so bösartig und deshalb endete ihr Telefonat schon nach einigen Minuten.

Frau Habermatz, ich will sie mal beim Namen nennen, denn sonst gewöhne ich mich zu sehr an Hexe oder Monster, konnte schon sehr schlecht laufen, deshalb begleitete ich sie manchmal zu Spaziergängen durch unser Dorf. Ich schob sie dann in einem Rollator ganz langsam in der Gegend herum. Man kann es kaum glauben, diese Frau war der Teufel in Menschengestalt. Sie wurde von Dorfbewohnern gegrüßt, erwiderte den Gruß aber nicht. Sie wurde gefragt, wie es ihr gehe, und äußerte sich, dass es keinen etwas angehe, und beschimpfte die Leute mit bösen Worten. Mir war es immer sehr peinlich. Wahrscheinlich haben die Dorfbewohner nur deshalb mit ihr reden wollen, weil ich dabei war, denn jeder im Dorf mied sie, so gut er konnte. Sogar der Postbote traute sich nicht, die Zeitung und Post zu ihr zu bringen, und gab diese immer bei mir ab.

Ich weiß nicht allzu viel über sie, aber im Dorf haben die Leute erzählt, sie hätte ihren Mann eine Woche lang in einem Schuppen gefesselt eingesperrt. Der Mann wollte sie nicht bloßstellen und hatte leise darin ausgehalten. Als er dann wieder dort frei gelassen wurde, hatte er sie verlassen und verschwand auf nimmer Wiedersehen. Irgendwann, nach vielen Jahren, wurden sie dann automatisch geschieden. Von dem Zeitpunkt an hat ihre Boshaftigkeit immer mehr zugenommen.

Ja, und nun war ich fast die einzige Person, die zu ihr Kontakt hatte und sich alles gefallen lassen musste, denn meine Rente war nicht allzu groß, sodass mir dieser Zuverdienst sehr hilfreich war.

Ich sperrte meistens meine Ohren zu und hörte gar nicht mehr hin, wenn diese böse Frau mich beleidigte und an mir rumnörgelte.

Ich machte meine Arbeit so, wie ich es für richtig hielt, gab ihr zwischendurch die Zeitung, an der sie auch immer etwas auszusetzen hatte, stellte ihr etwas zu trinken hin und ging in mein Haus, wo ich endlich aufatmen konnte und meine Ruhe hatte.

Nun klingelte aber gleich wieder mein Telefon. Wer konnte das wohl sein? Natürlich Frau Habermatz. Sie hatte sich etwas hingelegt und würde mit dem Kopf zu flach liegen. Ich solle ihr ein Kissen aus dem anderen Zimmer bringen. Ich atmete tief durch und merkte, wie mein Blutdruck stieg.

Ganz ruhig bleiben, dachte ich, ging zu ihr rüber, holte das Kissen, welches ich ihr am liebsten aufs Gesicht gedrückt hätte, brachte es ihr und ging wieder in mein Haus.

Am liebsten hätte ich die Schnur des Telefons rausgezogen, aber mein Inneres sagte, sei nicht so.

An diesem Tag, es war ein Mittwoch, hatte ich meinen Kartentag. Mittwochs spielten drei Frauen und ich immer zusammen Karten. Das ging immer reihum. Heute spielten wir bei mir.

Es war ein schöner Nachmittag, alle waren zufrieden und jeder hatte einmal gewonnen. So gehen wir am liebsten auseinander, weil es dann auch keine Streitgespräche gibt. Zwischendurch hatte Frau Habermatz natürlich wieder zweimal gestört, aber ich hatte die Schnur des Telefons ja nicht rausgezogen, somit musste ich zweimal rüber zu ihr. Beim ersten Mal sollte ich das Bettzeug aufschütteln und auslüften, es musste unbedingt gleich sein. Beim zweiten Mal sollte ich ihr einen Tee kochen, den sie auch unbedingt zu der angesagten Zeit haben wollte. Eigentlich hätte sie solche Sachen auch noch alleine machen können, aber wenn ich sie darauf hinwies, sagte sie mir immer mürrisch: „Ich kann das alles nicht, Sie wissen ja gar nicht, wie schwer krank ich bin.“

Meine Kartenfreundinnen meinten ja immer, ich hätte ein zu gutes Herz und ich müsste mir mal das Nein sagen angewöhnen, dann würde ich schon sehen, was sie alles noch kann.

Wie dem auch sei, ich konnte es nicht. Bis zu einem bestimmten Tag.

Es war Montag und ich hatte leichte Kopfschmerzen. Wahrscheinlich lag es daran, dass ich so schlecht geschlafen hatte. Ich nahm eine Kopfschmerztablette und ging zu Frau Habermatz, um ihr Frühstück zu machen und den Haushalt in Ordnung zu bringen. Sie keifte mich gleich wieder an, weshalb ich so spät sei und dass sie mir diese Zeit weniger bezahle. Es war nur eine halbe Stunde, aber ich hörte auch gar nicht so richtig hin, denn mein Kopf schmerzte noch und ihr Gelaber kannte ich ja.

Nun störte sie wieder, dass der Tee zu heiß, das Brot zu dick geschnitten sei, dass sie einen anderen Teller für ihr Frühstück wollte und diverse andere Sachen bemängelte sie. Ich dagegen machte es, wie sie es wollte, ging anschließend wieder in mein Zuhause und legte mich erst einmal eine Stunde schlafen, damit die Kopfschmerzen aufhörten. Sicher war es mein Blutdruck, den die Habermatz so nach oben trieb.

Nach dem Schlafen, die Kopfschmerzen waren weg, ging ich wieder rüber zu der Hexe, um ihr den Nachmittagstee zu brühen, zu dem sie immer drei kleine Kekse aß. Die Zeitung hatte sie auch, es schien alles zu ihrer Zufriedenheit zu sein. Die Habermatz sagte kaum noch etwas, sie brummelte zwar leise etwas vor sich hin, meinte aber vielleicht nicht mich. Zufrieden ging ich zu mir rüber, es war inzwischen schon Abend. Es war eigentlich ja ein entspannter Nachmittag, dachte ich und ging zufrieden schlafen.

In dieser Nacht hatte ich einen total schlechten Traum. Ich träumte von der Habermatz, wie sie als Hexengestalt zu mir rüberkam und mich mit einem Beil erschlägt, weil ich so faul war. Ich war schweißgebadet, als ich aufwachte.

Diese Frau bringt mich noch um meinen Verstand, dachte ich gerade, als auch schon wieder das Telefon klingelte. Sie war es wieder. Ich solle sofort kommen, ihre Handtücher müssen gewechselt werden, die seien nicht ordentlich gewaschen worden.

Das brachte mich in Rage. Jetzt habe ich die Nase voll! Soll sie doch ihren Kram in Zukunft alleine machen, dachte ich, ging aber trotzdem rüber zu ihr, um die Handtücher, welche ich gerade gewechselt hatte, zu prüfen. Es war, wie ich es mir gedacht hatte, sie hatte mit dem Handtuch etwas weggewischt und wollte nun ein anderes haben. Da ich so wütend war, gab es ein heftiges Wortgefecht zwischen uns beiden. Auch ich konnte jetzt mal meinen Frust ablassen und kontern, was mir nun aber zum Verhängnis wurde, es veränderte mein ganzes Leben.

Frau Habermatz kritisierte meine Arbeit, dass ich nicht ordentlich putze und auch sonst nicht alles zu ihrer Zufriedenheit mache. Das war zu viel. Sie rappelte gerade vorsichtig die Treppe herunter, während ich noch oben war. In meinem Zorn kündigte ich diesen Job bei ihr und wollte eilig die Treppe runter laufen, auf der sie sich noch bemühte, langsam nach unten zu kommen. Ich war in meiner Wut wohl etwas hektisch und berührte sie im Vorbeigehen. Frau Habermatz fiel Hals über Kopf die Treppe runter und gab keinen Ton mehr von sich.

Ich stand total erstarrt da und sah sie an. Sie hatte ihre Augen weit aufgerissen und sah mich an. Ich schüttelte sie, aber ihr starrer Blick blieb und sie zeigte keine Regung. Ich fühlte nun ihren Puls, sie hatte keinen mehr. Mit anderen Worten, sie war tot, mausetot.

Habe ich sie durch mein Anstoßen getötet? Bin ich jetzt schuld, dass diese Hexe, die mich ständig tyrannisierte, die Treppe runtergefallen ist? Bin ich an allem schuld? Meine Antwort war: ja!

Ich hätte bei dieser Frau nie arbeiten dürfen. Ich hätte sie so wie die anderen Leute im Ort einfach nicht beachten sollen. Nun wurde meine gute Seele mir zum Verhängnis. Was sollte ich bloß jetzt machen? Wenn ich einen Arzt gerufen hätte, der sowieso nur noch den Tod bescheinigt hätte, säße ich jetzt wahrscheinlich im Gefängnis. Ich war doch gerade seit Kurzem in Rente, da wollte ich auf keinen Fall ins Gefängnis und dort den Rest meines Lebens verbringen. Ich überlegte lange, was ich mit dieser nun toten Person machen sollte.

Es wurde schon dunkel draußen und Bewegung war auch keine mehr auf der Straße, also zog ich diese Frau an den Armen zu mir rüber ins Haus. Ich hatte noch ein Laken über sie gelegt, damit keiner sah, dass ich einen Menschen mitzog. Unheimlich war mir diese Sache schon, denn die Person, die unaufhörlich meckerte, gab nun keinen Ton mehr von sich. Ich hatte mal gehört, dass Leichen nach einigen Stunden anfangen, grässlich zu riechen, deshalb legte ich Frau Habermatz in eine im Schuppen abgestellte Kühltruhe. Diese hatte ich seit Jahren nicht genutzt, denn alleine brauchte ich nichts einzufrieren. Ich schaltete die Truhe an und hob die alte Frau Stück für Stück über den Rand der Kühltruhe. Ich hätte nie gedacht, dass Leichen so schwer sein können. Endlich war sie drin. Deckel zu und nun wurde die böse Frau eingefroren.

Ich ging dann wieder rüber in ihr Haus und machte Ordnung. Da keiner sie mochte und sie zu keinen Menschen Kontakt hatte, wird keiner sie vermissen, dachte ich so bei mir und ging wieder in mein Haus.

In dieser Nacht schlief ich ganz schlecht. Frau Habermatz spukte durch mein Haus und beschimpfte mich wieder, so waren die Träume und ich am Morgen total müde. Nun musste ich einen Plan machen, denn in der Truhe konnte sie ja nicht für immer bleiben.

Bis ich Frau Habermatz total entsorgt hatte, musste ich ihre Bankgeschäfte und die alltäglichen Angelegenheiten erledigen. Ich holte wie immer einen Teil der Rente ab, legte diese in ihre Kassette, entsorgte die Tageszeitungen nach einer gewissen Zeit und holte ein neues Rezept für ihre Medikamente von der Arztpraxis.

Ich ließ abends etwas Licht in ihrem Haus an, welches ich später ausmachte, damit es so aussah, als wäre jemand zu Hause.

So vergingen einige Monate. Ich musste nun nach einer Lösung suchen. Die Leiche musste weg.

Ich hatte ganz früher mal ein Buch über Kannibalismus gelesen, die haben Menschenfleisch gegessen und sind nicht daran gestorben.

Wenn ich diese Frau jetzt im Müll entsorgte, irgendwo eingrub oder irgendwo im Wald ablegte, würde man sie finden und nachforschen, wer es war, und es würde nicht lange dauern, bis sie mich abholen, dachte ich. Also war das mit dem Kannibalismus die sichere Variante. Ich musste mich lange auf die Entsorgung von Frau Habermatz vorbereiten.

Im Schuppen hatte ich mehrere Äxte, auch eine Rolle Folie stand da noch, von der letzten Renovierung. Zum Zerkleinern der Knochen kaufte ich in verschiedenen Läden und Orten ganz viele Kaffeemühlen. Der große Hammer lag auch noch im Regal und die Kreissäge, welche lange nicht gebraucht wurde. Sie war zwar schon etwas rostig, funktionierte aber noch.

Den Kartennachmittag besuchte ich selbstverständlich immer oder führte ihn bei mir durch, ohne dass man mir etwas anmerkte. Ich erzählte ausgedachte Geschichten vom Rummeckern der alten Hexe und die Kartenfreunde glaubten mir.

Nun begann ich, Frau Habermatz Stück für Stück auseinanderzutrennen. Nicht in einem Durchgang zu viel, damit die Leute draußen nichts mitbekamen. Es klappte ganz gut, ich hatte schon die eine Hälfte in Fleischstücke zerteilt und die Knochen erst mit dem Hammer klein geklopft und dann zermahlen. Es sah aus wie feiner Staub. Ich machte wieder einige Tage Pause, denn es war Schwerstarbeit. So groß war diese Frau doch gar nicht, aber dennoch war die Entsorgung sehr schwer. Die andere Hälfte war ebenso mühselig, aber am schwierigsten war die Entsorgung des Kopfes. Obwohl sie eingefroren war, starrte sie mich an. Aber sie meckerte nicht mehr. Ich machte die Augen zu und zertrümmerte mit dem großen Hammer den Kopf. Auf einmal kam wieder Wut in mir auf, und ich hatte die

Worte ihrer Demütigungen im Ohr. Ich haute und haute, bis alles ganz klein war. Im Schuppen sah es aus wie auf einem Schlachthof. Ich brauchte schon etliche Liter Wasser, um das Blut wegzuspülen.

Ich musste wieder neue Kaffeemühlen besorgen, denn die anderen waren vom vielen Knochen mahlen kaputt. Ich verwertete außer der Knochen, Finger-, Fußnägel und der Augen alles. Den Knochenstaub ließ ich im Winde verwehen. Das in Stücke zertrennte und geschnittene Fleisch schmorte ich Portion für Portion, gab schöne Gewürze hinein, bereitete es mit Soße zu und fror es wieder ein. Es waren schon sehr viele Portionen, die ich aber schmackhaft zubereitet hatte.

Die ersten Personen, die diesen Habermatzgulasch essen durften, waren meine Kartenfreunde. Sie waren begeistert und nahmen sich sogar noch etwas für den nächsten Tag mit. Das Essen wiederholten wir dann immer, wenn ich mit der Kartenrunde bei mir zu Hause dran war.

Eine Dame der Kartenfreunde kam in der Zeit ins Krankenhaus, weil sie starke Bauchschmerzen bekam. Ich dachte, jetzt ist alles aus, umsonst die ganze Arbeit, aber nein, es war eine Gallenkolik, wahrscheinlich von der Schärfe des Essens. Nun war Frau Habermatz fast aufgegessen, den Rest bekam der Hund der anderen Nachbarin.

Endlich war diese böse Frau aus meinem und jedem anderen Leben verschwunden. Es gab keinen einzigen Krümel mehr von ihr.

Nun machte ich auch kein Licht mehr in ihrem Haus, erledigte keine Bankgeschäfte mehr, steckte die Zeitung, die der Postbote mir immer noch brachte, in ihren Briefkasten und kümmerte mich darum gar nicht mehr.

Es bemerkte wirklich kein Mensch, dass diese Frau nicht mehr da war. Fast ein Jahr später, als der Briefkasten mit Post und Zeitungen zu sehr überlief, sprachen mich die Leute an, was mit der Alten sei, weil der Briefkasten nicht mehr geleert würde. Ich erzählte dann, dass sie mich nicht mehr haben wollte, weil ich ihr das alles nicht gut genug gemacht hatte und dass ich seitdem nichts mehr mit ihr zu tun hatte. Ich denke, die Leute glaubten mir, denn sie wussten alle, was sie für eine unangenehme Person war, und staunten, dass ich es mit dieser Frau aushielt. Wenn die wüssten!

Irgendwann kam dann die Polizei und öffnete die Tür bei Frau Habermatz. Sie hielten sich eine ganze Weile in dem Haus auf. Ich nahm an, sie würden noch zu mir rüberkommen, um mich zu befragen, aber nein. Sie versiegelten das Haus und fuhren wieder los.

Da wird ja noch etwas kommen, dachte ich so bei mir und redete mir ein: Du weißt von nichts und hast mit der ganzen Sache nichts zu tun.

Im Dorf ging das Getratsche rum, dass sie vielleicht irgendwohin verreist sei, so still und heimlich. Ich zuckte die Schultern und sagte, dass es mir egal sei, da ich mit ihr abgeschlossen hatte.

Von nun an gehe ich zu Frau Goldberg. Sie wohnt etwas weiter, aber im Dorf, gleich am Anfang des Dorfes. Sie ist sehr nett, ich erledige fast alles genauso wie bei der Habermatz, bekomme auch alles bezahlt, dazu noch ganz viel Lobe und Dankesreden. Sie ist eine ganz liebe Person, die mich auch nicht nötigt, mehr zu arbeiten, als ich schaffen kann. An manchen Tagen schickt sie mich früher nach Hause, damit ich mich auch mal ausruhen kann.

„Die Arbeit läuft Ihnen nicht weg, die bleibt Ihnen morgen auch noch", meint sie.

Am Mittwoch brauche ich gar nicht bei ihr zu arbeiten.

„Heute haben Sie ja Ihren Kartentag, da müssen Sie konzentriert und ausgeruht sein, sonst können Sie ja nicht gewinnen", sagt sie immer.

Ja, es ist schon ein entspanntes Arbeiten bei Frau Goldberg, warum habe ich nicht gleich bei dieser Frau gearbeitet, dann wäre mir alles erspart geblieben.

Albträume habe ich aber immer noch. Ich nehme jeden Abend eine Schlaftablette, sonst komme ich nicht durch die Nacht. Meine Kartenfreundinnen fragen auch jedes Mal: „Hast du schon etwas Neues von der blöden Alten gehört?"

„Nein, die ist verschollen, glaube ich, ich will auch gar nichts mehr von der hören."

„War denn die Polizei schon bei dir?", nerven sie immer wieder.

„Nein, aber irgendwann werden sie kommen und dann werde ich ihnen erzählen, was das für ein Monster ist", gebe ich jedes Mal zur Antwort. Ich staune selbst, dass ich so ruhig bleibe.

Die Zeit vergeht, mittlerweile habe ich die Habermatz schon total aus meinem Gedächtnis gestrichen und lebe ein ruhiges angenehmes Leben.

Nach einem Jahr etwa stehen zwei Männer in Schlips und Anzug vor meiner Tür. Ich dachte erst, es seien Handelsvertreter beziehungsweise Werbeleute. Nein, es sind Kriminalbeamte, die noch Fragen zu der Habermatz haben. Ich beantworte ihre Fragen und erzähle, weshalb ich nicht mehr für sie arbeite. Ich habe sie von dem Moment an nie wieder gesehen und auch nicht sehen wollen. Ab und zu steht bei Frau Habermatz mal ein Auto vor der Tür, ich habe mich aber nicht weiter oder näher damit befasst.

Ich erzähle ihnen dann noch, dass ich jetzt bei Frau Goldberg arbeite, das reicht ihnen aus. Sie wollen noch den Namen des Hausarztes haben und die Adresse von Frau Goldberg. Dann verabschieden sie sich freundlich und verlassen mein Haus. Als deren Auto meine Straße verlassen hat, atme ich tief auf. Soll jetzt der ganze Tumult um die Habermatz von vorne losgehen? Hoffentlich nicht, denn ich habe sie vergessen. Außerdem, wenn ich sie nicht getötet hätte, hätte es garantiert jemand anderes irgendwann getan.

Von nun an habe ich nichts mehr von denen gehört oder gesehen und es ist Jahre her. Das Personal der Arztpraxis hat sich wohl auch tadelnd über diese Person geäußert. Auch die Bewohner aus unserem Ort haben kein gutes Haar an ihr gelassen.

Wahrscheinlich war es ein Irrtum, dass sie als Mensch geboren wurde, sie sollte bestimmt ein Monster werden.

Diese Frau streiche ich jetzt für immer und ewig aus meinem Dasein. Ich rede mir einfach ein, es gab sie gar nicht.

Außerdem bleibt sie ja „für immer in uns“!

Nachwort

Die Breite der Erzählungen inspiriert mich, mehr zu schreiben. Dabei kann ich meinen Gedanken freien Lauf lassen. Meine Tochter, Katharina unterstützt mich dabei mit Bildmaterial und mein Mann übt Kritik, was mir beim Schreiben sehr hilfreich ist.

Dafür den beiden ein großes Dankeschön!

G. Koch